# RAPPORT

SUR LES

# ASSOCIATIONS

## Cultuelles et Paroissiales

Par l'Abbé J. TOULLOT

*Docteur en Droit*

*Curé de Fresne-Saint-Mamès*

VESOUL
IMPRIMERIE ET LIBRAIRIE LOUIS BON
—
1906

*EN PRÉPARATION*

# TRAITÉ

## Théorique et Pratique

DES

# ASSOCIATIONS

## À L'USAGE DU CLERGÉ

—➤➤✦✧✦◄◄—

*Cet ouvrage contiendra :*

1° Tous les textes législatifs se rapportant aux Associations ;

2° Le commentaire de ces textes ;

3° Un résumé de la législation étrangère relative au contrat d'Association ;

4° Des formules ou modèles d'actes.

# RAPPORT

SUR LES

# ASSOCIATIONS

## Cultuelles et Paroissiales

### Par l'Abbé J. TOULLOT

*Docteur en Droit*

*Curé de Fresne-Saint-Mamès*

VESOUL
IMPRIMERIE ET LIBRAIRIE LOUIS BON
—
1906

PERMIS D'IMPRIMER :

*Besançon, le 22 décembre 1905.*

HUMBRECHT, vic. gen.

# AVANT-PROPOS

Ce rapport a été lu à Vesoul le 1er décembre 1905 en présence de M. le chanoine Quirot, de M. le Supérieur du Séminaire et de MM. les Ecclésiastiques réunis pour la retraite du mois.

Ces Messieurs, jugeant qu'une simple lecture ne leur permettait pas de contrôler les conclusions présentées par l'auteur, ont demandé que ce rapport fût imprimé.

L'auteur n'a pas voulu faire une œuvre politique, mais en plaçant uniquement sur le terrain juridique, il a voulu montrer, sans les approuver ni les critiquer, les différences légales qui existent entre les Associations cultuelles et les Associations paroissiales. Il espère que son travail, quoique incomplet, contribuera à jeter un peu de lumière sur ces questions non encore résolues.

# ABRÉVIATIONS

L. de S. . . . . . . . . . Loi du 9 décembre 1905 sur la séparation des Eglises et de l'Etat.

A. C. . . . . . . . . . . . Association cultuelle.

A. P. . . . . . . . . . . . Association paroissiale.

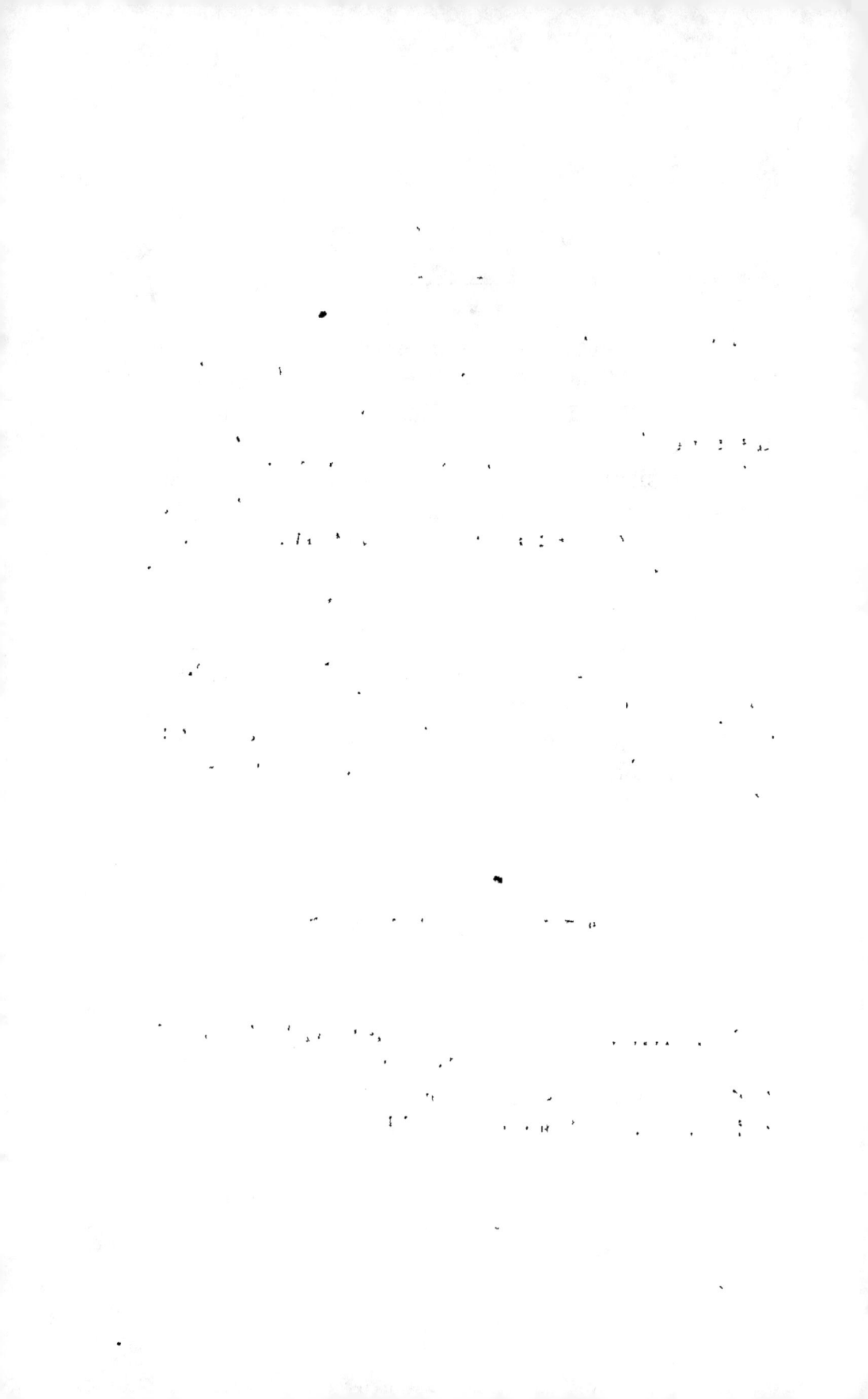

# RAPPORT

SUR LES

# ASSOCIATIONS CULTUELLES

## *ET PAROISSIALES*

La loi de séparation, promulguée le 9 décembre 1905, règlemente certaines Associations qui seront formées pour subvenir aux frais, à l'entretien et à l'exercice public du culte et qui seront appelées *Associations cultuelles*. Plusieurs personnages ecclésiastiques combattent vivement ces associations cultuelles qu'ils soupçonnent de tendances schismatiques et recommandent d'autres Associations qui seraient établies selon le droit commun, c'est-à-dire, selon la loi du 1er juillet 1901. Ces associations de droit commun porteraient le nom d'*Associations paroissiales*.

Quelques prêtres vont plus loin encore : ils demandent que les A. P. soient fermées, c'est-à-dire qu'elles comprennent non pas tous les habitants de la paroisse, mais seulement ceux qui paieront les cotisations annuelles. Ceux-ci seulement auront droit aux secours religieux.

Que faut-il penser de ces associations au point de vue juridique ?

Pour répondre complètement à cette question, il me semble qu'il faut faire deux choses :

1° Etudier sérieusement et sans parti pris la loi du 1ᵉʳ juillet 1901 et la Loi de séparation ;

2° Indiquer les applications pratiques de ces deux lois. Telles seront les deux parties de ce rapport.

# PREMIÈRE PARTIÉ

## ETUDE DES TEXTES JURIDIQUES

Les dispositions législatives, qui se rapportent aux associations, peuvent être groupées en 4 titres :

1º Constitution des associations ;
2º Leur administration ;
3º Leur dissolution ;
4º Leurs sanctions.

### TITRE Ier.— *Constitution des Associations*

Le principe qui domine toute cette matière est le suivant : les associations peuvent se former librement, sans autorisation, en se conformant aux règles générales du droit. De ce principe découle une conclusion de la plus haute importance ; c'est que les associés sont libres de stipuler telles conditions qu'ils voudront, à l'exception des clauses qui sont formellement interdites par une loi.

Il semble résulter de ceci qu'une étude sur les associations devrait simplement se borner à énumérer les restrictions apportées par les lois à la liberté des associés. Mais une telle énumération nous donnerait un travail incomplet, car le législateur ne s'est pas borné à restreindre la liberté des associés, il a créé des avantages positifs et précieux en faveur des associations qui se soumettent aux formalités de la publicité. Nous aurons donc deux articles à étudier : 1º les restrictions que le léglislateur impose ; 2º les avantages qu'il accorde.

## ARTICLE PREMIER

*Et d'abord, quelles sont les restrictions apportées par
le législateur à la liberté des associés ?*

La loi de 1901 (1) ne veut pas que les associations aient
un objet immoral ou contraire aux lois, qu'elles aient
pour but de porter atteinte à l'intégrité du territoire français ou à la forme républicaine du gouvernement, enfin
qu'elles aient pour but de partager des bénéfices. Tout
autre but est permis. Par conséquent, plusieurs personnes
majeures, — quels que soient leur nombre, leur sexe, leur
domicile, leur nationalité — peuvent mettre en commun,
d'une façon permanente leur activité et leurs connais-
sances pour le but qu'elles voudront.

La loi de séparation commence par déclarer (2) que les
A. C. seront en principe soumises à la loi de 1901, puis elle
apporte une première restriction relative au but des A. C. :
ce but sera *exclusivement* de subvenir aux frais, à l'entretien et à l'exercice public du culte. Ensuite elle apporte
deux autres restrictions relatives au nombre et au
domicile des associés (3) :

Dans les communes de moins de 1.000 habitants, il y
aura 7 associés ;

Dans les communes de 1.000 à 2.000 habitants, 15
associés ;

Dans les communes de plus de 2.000 habitants, 25
associés ;

Tous les associés devront résider dans la circonscription religieuse.

Mais à part ces restrictions, nous retrouvons notre

(1) Article 3.
(2) Article 18.
(3) Article 19.

liberté complète. Je vous montrerai dans la 2ᵉ partie, comment il conviendra d'en user.

## ARTICLE 2

*Quels sont les avantages accordés par le législateur ?*

La loi de 1901 offre aux associations le bénéfice de la capacité juridique (1). On appelle ainsi le droit d'acquérir, de posséder, d'administrer des biens et d'ester en justice.

Mais ce droit n'est pas absolu : les associations ne pourront acquérir que les objets suivants (2) :

1º Les cotisations de leurs membres, ou les sommes qui serviront à les rédimer. (Ces sommnes ne peuvent dépasser 5oo francs) ;

2º Le local destiné à l'administration de la société et à la réunion de ses membres ;

3º Les immeubles strictement nécessaires à l'accomplissement du but qu'elle se propose ;

4º Les subventions de l'Etat, des Départements, des Communes.

Pour obtenir la capacité juridique, les fondateurs d'une association devront faire à la préfecture une déclaration indiquant le titre de l'association, son objet, son siège, les noms des administrateurs. En outre, ils devront déposer deux exemplaires des statuts. Enfin, ils devront posséder un registre spécial où seront consignées les délibérations de l'Assemblée générale. Chaque fois qu'il y aura changement d'administrateur ou modification aux statuts, il faudra dans les 3 mois, en informer la préfecture. Les autorités administratives ou judiciaires pourront quand elles voudront, inspecter le registre de la société.

---

(1) Article 5.
(2) Article 6.

Outre cette faveur que le législateur offre à toutes les associations, il en est une autre plus importante qu'il se réserve d'accorder aux Associations qui lui plairont davantage, c'est la reconnaissance d'utilité publique.

Une Association reconnue d'utilité publique peut faire tous les actes de la vie civile : elle peut posséder des valeurs mobilières nominatives, recevoir des dons et legs, mais elle ne peut acquérir d'immeubles autres que ceux spécifiés plus haut (1).

Passons maintenant à la loi de séparation. Cette loi accorde d'office aux A. C. une capacité juridique plus étendue qu'aux Associations de droit commun (2).

Elles pourront recevoir, outre les cotisations et les sommes servant à rédimer :

Le produit des quêtes pour les frais du culte ;
Les locations des bancs ;
Les rétributions pour services religieux.

Elle auront l'usage perpétuel des églises, l'usage temporaire des presbytères, évêchés, séminaires appartenant aux communes ou à l'Etat.

Elles seront propriétaires des biens, meubles et immeubles appartenant actuellement aux Fabriques et grevés de services religieux.

Elles pourront employer leurs ressources disponibles à la constitution d'un fonds de réserve, placé en valeurs nominatives, ne pouvant dépasser 3 ou 6 fois leur revenu moyen.

Enfin, elle pourront avoir une réserve spéciale pour l'achat, la construction, la réparation des meubles et immeubles destinés aux besoins de l'Association.

---

(1) Article 10 et suivants ; article 910 C. Civ. et Loi du 4 janvier 1901, article 5.

(2) Article 19 et suivants.

D'autre part, elles seront tenues des dettes qui grevaient les Fabriques.

Tous ces avantages sont extrêmement précieux. Ils placent les A. C. sur le même pied que les Associations reconnues d'utilité publique.

La loi de séparation permet aussi aux A. C. de constituer des unions ayant une administration ou une direction centrale. Ces unions jouiront de la capacité juridique accordée aux A. C., elles seront soumises aux mêmes obligations.

## TITRE II. — *Administration*

La loi de 1901 ne s'occupe pas de l'administration des Associations.

Elle suppose évidemment que les statuts fondamentaux de chaque Association traceront eux-mêmes les règles d'administration, détermineront le nombre, la qualité des administrateurs, le genre et la durée de leurs fonctions (1). Si, par impossible, une Association n'avait rien décidé au sujet de son administration, on appliquerait les règles générales du code civil : 1º Les associés sont censés s'être donnés réciproquement le pouvoir d'administrer l'un pour l'autre ; 2º Chaque associé peut se servir des immeubles de la société, pourvu qu'il n'empêche pas les autres d'en user selon leur droit; un associé ne peut faire d'innovation sans le consentement des autres (*C. Civil, art.* 1856 *et suiv.*).

La loi de séparation, elle aussi, respecte la liberté des A. C., en ce qui concerne la nomination des administra-

---

(1) Lorsqu'une Association a été soumise aux formalités de publicité, pour obtenir la capacité juridique elle est comme nous l'avons dit page 8, tenue d'avoir un registre sur lequel seront inscrits les procès-verbaux des assemblées générales.

teurs, la durée de leurs fonctions, mais elle trace huit règles d'administration (1) :

1° Les associations tiendront un état de leurs recettes et dépenses ; elles dresseront chaque année le compte financier de l'année écoulée et l'état inventorié de leurs biens, meubles et immeubles. Notez que l'article 15 de la loi de 1901, impose la même obligation aux Congrégations religieuses autorisées ;

2° Nonobstant toute clause contraire des statuts les actes de gestion financière et l'administration légale des biens accomplis par les directeurs ou administrateurs seront chaque année, au moins, présentés au contrôle de l'assemblée générale des membres de l'association et soumis à son approbation ;

3° Les A. C. seront soumises au contrôle des Employés de l'Enregistrement ou des Finances. (Les Congrégations autorisées sont soumises au contrôle des préfets.)

4° Elles devront payer les annuités des emprunts contractés pour dépenses relatives aux édifices religieux, tant qu'elles auront l'usage de ces édifices (2) ;

5° Elles seront tenues des réparations de toute nature ainsi que des frais d'assurance et autres charges afférentes aux édifices du culte et aux meubles les garnissants (3) ;

6° Elle seront tenues des réparations d'entretien, frais d'assurance des presbytères, séminaires, évêchés, pendant tout le temps qu'elles en auront la jouissance ;

7° Elles devront payer les mêmes impôts que les particuliers pour leurs immeubles autres que les églises, mais elles sont dispensées de la taxe d'abonnement, de celle des

(1) Article 19.
(2) Article 6.
(3) Article 13.

cercles, de l'impôt de 4 o/o sur le revenu. Quand elles donneront des subsides à d'autres A. C. ou à l'union régionale ou nationale, elle ne payeront pas l'impôt sur les donations (1) ;

8° Elles ne pourront placer leurs excédents de recettes qu'en rentes nominatives ou les déposer à la caisse des dépôts et consignations (2).

En dehors de ces 8 règles, les Fondateurs pourront tracer toutes les autres règles d'administration qu'ils voudront.

## Titre III. — *Dissolution*

La législation française prévoit deux sortes de dissolution, la dissolution libre, la dissolution forcée. La dissolutions libre a lieu quand le temps fixé par les statuts est expiré, quand l'objet de l'association n'existe plus, quand tous les associés demandent la dissolution. La dissolution forcée peut être prononcée par les tribunaux quand l'association a un but illicite, ou immoral, quand elle menace la sûreté de l'Etat ou qu'elle tend à troubler les marchés publics de valeurs, quand les administrateurs d'une société jouissant de la capacité juridique ne font pas connaître au Préfet les changements survenus dans la direction ou apportés aux statuts.

Certains de ces cas peuvent s'appliquer aux A. C. La L. de S., permet à chacun des associés de se retirer en tout temps (3), il peut arriver que tous les associés donnent leur démission au même moment, la société tombera faute de membres.

---

(1) Article 24.
(2) Article 22.
(3) Article 19.

La loi prévoit aussi plusieurs cas de dissolution judiciaire, qui pourra être prononcée (1) :

1° Quand les associations n'ont pas un nombre de membres suffisant ;

2° Quand les administrateurs n'ont pas déposé les statuts à la Préfecture ;

3° Quand les administrateurs ne font pas état des recettes et dépenses ;

4° Quand ils ne dressent pas le compte annuel, et ne le soumettent pas à l'assemblée générale ;

5° Quand ils conservent trop d'argent, ou emploient cet argent à des placements au porteur.

Quelles seront les conséquences de la dissolution volontaire ou forcée ?

La loi de 1901 dit que les biens seront dévolus conformément aux statuts ou, à défaut de statuts, conformément aux décisions de l'Assemblée générale (2). La loi de séparation pose une autre règle (3) : Les biens seront attribués par décret rendu en Conseil d'Etat, soit à des associations analogues, dans la même circonscription, soit à leur défaut à des établissements de bienfaisance.

Il est à remarquer que dans ce titre de la Dissolution, la L. de S. n'est pas rédigée en termes impératifs comme la loi de 1901 (4), mais elle emploie des expressions plus larges. Elle ne dit pas : « *la dissolution sera prononcée* » mais elle dit : « *la dissolution pourra être prononcée* », elle laisse ainsi une place à l'indulgence, à des arrangements amiables. Elle traite les A. C. avec plus de faveur que les autres associations.

(1) Article 23.
(2) Article 9.
(3) Article 9.
(4) Article 7.

## Titre IV. — *Sanctions*

On distingue deux sortes de sanctions, les unes pénales, les autres civiles :

I.— *Sanctions pénales.*— La loi de 1901 édite 2 sanctions pénales (1) :

1º Une amende de 16 à 200 francs, et le double en cas de récidive, applicable aux administrateurs qui auront contrevenu aux règles de publicicité ;

2º Une amende de 16 à 2,000 francs et un emprisonnement de 6 jours à un an pour les administrateurs d'une association, dissoute par le tribunal, qui se seront maintenus illégalement en fonctions, et pour ceux qui leur auront fourni un local.

La loi de séparation, elle aussi, édite deux sanctions pénales (2) :

1º Elle réédite contre les administrateurs d'une A. C. la même amende de 16 à 200 francs et le double en cas de récidive ; mais elle leur applique cette amende non seulement quand ils contreviennent aux règles de la publicité mais encore quand ils ne tiennent pas l'état des recettes et dépenses, quand ils ne dressent pas leur compte annuel, quand ils emploient leurs excédents de recettes à des placements défendus ;

2º La L. de S. édicte ensuite une amende de 16 à 1500 francs et un emprisonnement de 6 jours à 3 mois contre les administrateurs qui auront contrevenu aux prescriptions relatives aux monuments historiques (3).

La L. de S. ne réédite pas l'amende et l'emprisonne-

---

(1) Article 8.
(2) Article 23.
(3) Loi du 30 Mars 1887, article 4, 10, 11, 12, 13. Ces articles défendent de détruire, réparer, modifier ou aliéner les monuments ou objets mobiliers historiques classés.

ment prévus par la loi de 1901 contre les administrateurs d'une association dissoute, qui continuent illégalement leurs fonctions. Pourquoi ? Parce que cette sanction est inutile. Une fois prononcée par les tribunaux la dissolution d'une A. C., ou bien le gouvernement attribuera les biens de l'association comme il est dit dans l'article 9, ou bien il les laissera. S'il les attribue à une autre association, les anciens administrateurs n'auront plus de fonctions à remplir. S'il les laisse, il sera censé pardonner aux anciens administrateurs la faute que ceux-ci auront commise.

La L. de S., il est vrai, édicte un certain nombre de peines, quelques-unes très-légères, quelques autres très graves, mais, remarquez-le bien, ces peines ne frappent pas directement l'A. C. Elles frappent les ministres du culte, les particuliers, indépendamment de toute association (1). Exemple, ceux qui auront érigé des emblèmes

---

(1) Il ne rentre point dans le cadre de ce Rapport, d'énumérer toutes les peines prévues par le Projet de Séparation : Nous donnerons pourtant le résumé de ces peines, à titre de renseignement :

1° Amende de 16 à 200 francs, emprisonnement de 6 jours à 2 mois pour ceux qui auront, par voies de fait ou menaces, déterminé un individu à exercer ou à s'abstenir d'exercer un culte ; à faire partie ou à ne pas faire partie d'une A. C., à contribuer ou à ne pas contribuer aux frais d'un culte. Les mêmes pénalités sont édictees con're ceux qui auront empêché, retardé ou interrompu les exercices d'un culte, dans le local servant à ces exercices ;

2° Amende de 500 à 3000 francs et emprisonnement de 1 mois à 1 an, contre le ministre du culte qui, dans une église, a outragé ou diffamé un fonctionnaire ;

3° Emprisonnement de 3 mois à 2 ans pour le ministre du culte qui dans une église aura excité les fidèles à la rébellion ;

4° Amende de 1 à 15 francs, emprisonnement de 1 à 5 jours contre ceux qui ont organisé une réunion cultuelle sans déclaration préalable faite à la Mairie, — qui ont organisé une réunion politique dans une église, — qui ont fourni le local pour ces réunions, — qui ont organisé une procession ou autre manifestation extérieure sans permission, — qui ont érigé des emblèmes religieux sur les monuments publics ou des emplacements publics à l'exception des églises, cimetières, musées, — enfin, contre les ministres du culte qui président une manifestation extérieure non autorisée ou qui donnent l'instruction religieuse aux enfants inscrits dans une école publique pendant les heures de classe.

religieux sur un emplacement public, seront punis, qu'ils appartiennent ou non à une association.

II. — *Sanctions civiles.* — La loi de 1901 contient plusieurs sanctions civiles :

1° Elle déclare que les Tribunaux prononceront l'annulation de toute Association qui aura un but illicite, immoral, etc., comme nous l'avons vu plus haut ;

2° Elle prononce la nullité des actes entre vifs ou testamentaires, à titre gratuit ou à titre onéreux accompli, soit directement, soit par personnes interposées, qui dépassent la capacité juridique des Associations (1).

La loi de séparation contient des sanctions beaucoup plus nombreuses :

1° Elle déclare que les Tribunaux pourront prononcer la dissolution des A. C. dans les cas que nous avons énumérés titre III, page 13 ;

2° Elle dit que les A. C. pourront perdre la jouissance des églises mises à leur disposition par les communes, si elles ne remplissent pas leur objet, si les églises sont détournées de leur destination, si le culte cesse d'être célébré pendant plus de six mois (hors le cas de force majeure), si la conservation de l'édifice est compromise par défaut d'entretien, enfin s'il n'est pas satisfait aux prescriptions relatives aux monuments historiques (2) ;

3° Elle déclare enfin que les A. C. seront civilement responsables des condamnations pénales dans les cas suivants (3) : quand le curé aura, à l'église, diffamé un fonctionnaire chargé d'un service public ou bien excité les fidèles à la rébellion ; quand on aura tenu à l'église

(1) Article 17.
(2) Articles 13 et suivants.
(3) Article 35.

une réunion cultuelle sans déclaration ou bien une réunion politique.

La loi de séparation ne reproduit pas l'article 17 de la loi de 1901 frappant de nullité les actes accomplis en dehors de la capacité juridique. Pourquoi ce silence ? Le législateur considère que les sanctions précédentes suffisent à obtenir le but qu'il recherche, je veux dire empêcher les A. C. de devenir trop riches. Quand une A. C. aura reçu par don ou autrement une somme supérieure au maximum légal, le Tribunal ordonnera à cette A. C. de verser son excédent à un établissement de bienfaisance, ou bien menacera l'A. C. de la dissolution.

*
* *

Ayant terminé l'examen juridique de la loi de 1901 et de la loi de séparation, je me permettrai d'apprécier ces deux actes législatifs. Ce n'est pas un jugement absolu que je veux prononcer : il n'appartient pas à un simple prêtre de qualifier une loi qui a un objet religieux. Sur ce point, je ne puis que répéter les paroles si claires et si précises de Mgr l'Archevêque de Besançon : « Je n'ai pas compétence pour juger de ce que décidera l'Eglise... C'est Lui, le Pape, suprême docteur de la vérité, qui dira la parole décisive... C'est Lui qui, à l'heure opportune, prononcera la sentence définitive ». (1)

Mais, sans porter un jugement absolu, il m'est permis de faire un jugement de comparaison. Mettant en parallèle, d'une part, la loi du 1er juillet 1901 et, d'autre part, la loi de séparation, je constate que, sur certains points, les deux lois sont semblables ; sur d'autres points, la loi de séparation est tantôt plus sévère, tantôt plus libérale

(1) Lettre de Mgr l'Archevêque de Besançon à MM les Sénateurs du Doubs, de la Haute-Saône, du Haut-Rhin. — Besançon, Jacquin 1905.

que la loi de 1901. Les faveurs que la loi de séparation
accorde aux Associations sont plus importantes que les
entraves qu'elle leur impose. Ses avantages compensent
ses inconvénients. J'estime donc, en dernière analyse, que
les Associations formées sous le régime de la loi de séparation sont plus favorisées que les Associations régies
par la loi du 1er juillet 1901.

# DEUXIÈME PARTIE

---

AVANTAGES PRATIQUES DES ASSOCIATIONS

---

Jusqu'alors, nous avons exploré la région aride des textes juridiques ; nous allons maintenant parcourir un terrain moins ardu, en exposant les avantages pratiques des Associations.

Nous examinerons les trois sortes d'Associations : A. C. — Associations paroissiales fermées — Associations paroissiales libres.

### Titre Ier. — *Associations cultuelles*

Avant d'entrer dans le détail des A. C., il est nécessaire de faire deux hypothèses :

1º Je suppose que la loi de séparation, telle que nous l'avons actuellement, ne sera pas aggravée par un nouveau vote de nos représentants ou par un décret présidentiel ;

2º Je suppose en outre que N. S. Père le Pape nous permettra de nous soumettre à la loi de séparation.

Ceci posé, montrons comment les catholiques devront procéder pour tirer de la loi de séparation le meilleur parti possible.

Tout d'abord, il faudra rédiger les statuts de l'Association cultuelle. Qui se chargera de ce travail ? C'est l'autorité ecclésiastique. M. le sénateur Clémenceau lui-même le reconnaît (1) : « L'article 4 met les sociétés

---

(1) Discours prononcé au Sénat, séance du 23 Novembre 1905.

cultuelles dans la main de l'évêque et du pape. C'est une vérité indiscutable. »

NN. SS. les Evêques jugeront, dans leur sagesse, s'il conviendra de rédiger un modèle uniforme de statuts pour toutes les paroisses de France, ou bien s'il conviendra de varier les statuts selon les diocèses et les paroisses.

Les statuts devront être conformes aux trois dispositions impératives de la loi. Ils indiqueront que l'Association a pour but exclusif de subvenir aux frais, à l'entretien et à l'exercice public du culte ; que l'Association devra réunir au moins le nombre d'associés fixé par la loi ; que ces associés seront majeurs et domiciliés dans la circonscription religieuse. Ces trois points énoncés, les statuts pourront contenir ensuite toutes les autres clauses que l'autorité religieuse jugera à propos d'insérer, par exemple : que le curé, nommé par l'Evêque, sera membre de droit ; que les autres membres de l'A. C. seront agréés par l'Evêque. Les statuts détermineront enfin la cotisation que les associés devront verser. (1)

Lorsque les statuts seront connus et que les associés auront signé leurs engagements, il faudra nommer les administrateurs. Le projet laissant sur ce point toute liberté, l'autorité ecclésiastique pourra, comme elle voudra, déterminer le nombre et les qualités des administrateurs, la durée de leurs fonctions. Certains curés se plaignent de ne pouvoir trouver dans leur paroisse des ordonnateurs et des trésoriers : ces rouages d'une ancienne organisation seront supprimés. Le projet n'empêche pas le curé d'être nommé administrateur, même seul et unique administrateur. S'il faut plusieurs administrateurs, l'assemblée générale des associés les désignera.

_____

(1) MM. les Curés qui, dès aujourd'hui, indiquent à leurs paroissiens la somme qu'il faudra payer pour entrer dans l'A. C. risquent de se tromper. Ce n'est pas à eux, c'est aux Statuts à déterminer cette somme.

Cette assemblée devra en outre voter l'affiliation de l'A. C. à l'union diocésaine et le paiement d'une cotisation qui sera fixée par les statuts de cette union. (1)

Les administrateurs auront pour premier devoir d'accomplir les formalités de la publicité conformément au règlement d'administration publique qui sera promulgué prochainement. Ils demanderont ensuite aux anciens Conseils de Fabrique de leur transférer les biens de ces Fabriques, avec les charges qui les grèvent, puis commenceront pour eux les devoirs d'administrateurs proprement dits.

La loi détermine elle-même huit devoirs d'administration que j'ai énumérés page 11, l'autorité ecclésiastique déterminera les autres devoirs qui seront imposés aux administrateurs ; elle fixera le jour où doit se réunir l'Assemblée des Associés chargée d'examiner et d'approuver les comptes financiers de l'année.

On voit maintenant combien étaient exagérées les craintes de certains catholiques. Les uns disaient : le curé sera entièrement soumis à l'A. C. qui réglera à son gré les cérémonies du culte et pourra renvoyer un curé qui ne lui plairait pas ! — On se trompait, car l'Assemblée générale des Associés se réunit une fois l'an, non pas pour contrôler l'administration pastorale du curé, mais uniquement pour examiner sa gestion financière, comme font maintenant les Conseils de Fabrique.

Les autres disaient : on ne pourra trouver des gens de bonne volonté pour faire partie de l'A. C. car les fidèles seront effrayés par les responsabilités qui pèseront sur eux ! — on se trompait, car les simples associés, pris individuellement n'ont aucune responsabilité. Dans cer-

---

(1) En Angleterre, chaque paroisse ou mission verse à l'Evêque 50 francs par an. En Irlande, de 25 à 250 francs.

tains cas(1), c'est l'association, considérée comme personne morale, qui est responsable, et sa responsabilité, purement pécuniaire. ne s'étend pas au delà de l'argent qu'elle possède. Puis, à supposer que les membres d'une A. C. soient mécontents des agissements de leur curé, ils auront la ressource de donner leur démission.

Seuls, les curés et administrateurs sont exposés à des peines très graves ; mais il leur sera facile avec un peu de prudence et d'attention d'éviter les fautes qui les exposeraient à ces peines.

On se plaignait enfin de l'article huit du projet qui enlève aux tribunaux civils pour les donner au Conseil d'Etat statuant au contentieux, les procès relatifs à l'attribution des biens ecclésiastiques ; et on disait : « Cet article expose les catholiques aux pires tracasseries. Une association de Francs-Maçons peut s'organiser en face de l'A. C. et réclamer une part des biens ecclésiastiques. L'administration, hostile à l'Eglise, l'obligera à partager ses biens avec les Francs-Maçons ! »

Non, car le Conseil d'Etat, statuant au contentieux est une haute Cour de Justice, aussi impartiale que toute autre Cour. Le Conseil d'Etat repoussera la demande des Francs-Maçons qui, n'étant pas approuvés par l'évêque ne réaliseront pas les conditions exigées par l'article 4 du projet,

Cet article 8 pourrait préjudicier à l'Eglise catholique (2), s'il était invoqué par des prêtres schismatiques. Mais, je l'espère, il n'y aura jamais de schismatiques parmi nous !

---

(2) Voir page 17, *Sanctions civiles*, n° 3.

(1) Pourtant M. l'abbé Gayraud soutient que, même dans ce cas, l'article 8 serait une arme offensive entre les mains des Evêques. Revue du Clergé Français, n° 263 du 1er novembre 1905.

### Titre II. — *Associations paroissiales fermées*

Les Associations paroissiales fermées sont des Associations constituées uniquement d'après la loi du 1er juillet 1902. Elles sont destinées, dans l'esprit de leurs fondateurs, à remplacer la paroisse détruite par la loi de Séparation ; à rendre au clergé le traitement qui disparaîtra avec la suppression du budget des cultes. Comme nous l'avons dit, page 5, l'Association paroissiale fermée ne comprendra que les fidèles qui payeront la cotisation annuelle.

Une association de ce genre répugne aussi bien à la législation ecclésiastique qu'à la législation civile

D'après les Saints Canons, la paroisse est une portion de territoire déterminée par l'Evêque. Le curé doit administrer les sacrements à [tous ceux qui ont domicile, ou quasi-domicile dans la paroisse ; il ne peut de sa propre autorité retrancher de sa paroisse toute une catégorie de fidèles, ceux qui ne payent pas de cotisation.—On objecte que le Concile de Trente frappe d'excommunication ceux qui ne payent pas les dîmes. — On répond que la cotisation n'est pas une dîme.

Pour que l'Association paroissiale fermée pût remplacer la paroisse, il faudrait une Constitution nouvelle donnée par le Saint-Siège ; cette Constitution, dit Craisson (1), n'est pas impossible, mais elle n'existe pas.

Actuellement c'est le Conseil de Fabrique qui est seul administrateur ou propriétaire des biens paroissiaux ; l'Association paroissiale ne peut le suppléer. Quand la loi de Séparation sera mise en pratique, ce sera l'Association cultuelle qui sera seule et exclusivement chargée du culte public. Une association paroissiale qui aurait

---

(1) Craisson, *Manuale totius juris canonici*, n° 1310. Paris, Palmé 1885.

cet objet, serait en fait une véritable association cultuelle (1). Elle sera ouverte, sinon, ses fondateurs s'expo-
seront aux peines portées par la loi de séparation :
amende de 16 à 200 francs et emprisonnement de 6 jours
à 2 mois (2). (Article 31).

### Titre III. — *Associations paroissiales libres*

Les associations paroissiales libres ne sont pas autre
chose que des confréries, — ce mot étant pris dans un
sens très large.

Autrefois les confréries constituaient des établissements
publics. Elles ont été supprimées par l'article 1er de la loi
du 18 août 1792 et n'ont jamais été rétablies légalement.
Leurs biens qui avaient d'abord été mis à la disposition
de la Nation ont été, par le décret du 17 juillet 1855, cédés
aux fabriques.

Pendant tout le XIXe siècle les] confréries, érigées par
l'Eglise, mais non reconnues par l'Etat, ne pouvaient posséder, ni exercer aucune action judiciaire.

Une ordonnance royale du 28 mars 1831 déclare que
l'appel comme d'abus n'est pas recevable contre un curé
qui supprime une confrérie. En somme les confréries n'ont
pas de droits, si elles possèdent quelques objets, tels que
bannières, statues, etc., c'est sous le couvert de la fabrique qui peut leur enlever ces objets quand elle voudra.

La loi du 1er juillet 1901 peut s'appliquer aux confréries,
elle peut leur donner une existence légale, un état civil.
En effet, les confréries sont des associations de personnes
qui mettent en commun leur activité dans un but autre

---

(1) *Semaine religieuse de Paris*, numéro d'octobre 1905.
(2) Il faut donc chercher des ressources nécessaires au clergé, ailleurs
que dans les associations fermées. Voir à ce sujet la brochure si suggestive
de M. l'abbé Colombier, curé de Valay : *Le Ticket du Culte*.

que celui de partager des bénéfices : elles répondent donc
à la définition de l'association donnée par l'article 1er de
la loi. De plus les confréries ont pour but, non pas l'exercice public du culte, mais la sanctification personnelle de
leurs membres : on ne peut donc leur opposer la nullité
prévue par l'article 4. Elles peuvent donc, en se soumet-
tant aux formalités légales, bénéficier de tous les avantages de la loi de 1901. Ce que je dis des confréries, doit
s'appliquer aussi aux Tiers-Ordres, aux Patronages, à
toutes les autres œuvres catholiques.

Quand elles auront été organisées conformément à la
loi, quand elles auront la capacité juridique de posséder,
les confréries pourront rendre à l'Eglise des services im-
portants. Elles donneront des secours pécuniaires à
MM. les curés pour payer les services *privés* qu'ils ren-
dront aux confrères. Elles leur donneront en outre un
soutien moral. Quand on verra les confrères unis, enca-
drés, disciplinés, on aura conscience de la vitalité de la
religion catholique, les timides et les faibles deviendront
plus courageux, les anticléricaux moins audacieux.

Si on trouve que les confréries anciennes sont trop
étroites ou trop démodées, qu'on organise des confréries
nouvelles avec des statuts assez larges pour convenir à
tous les catholiques de bonne volonté, on pourra même
fixer un modèle uniforme de statuts pour toutes les
paroisses et arriver à la formation de l'Association générale de tous les catholiques français. Les catholiques d'un
pays voisin nous ont précédés dans cette voie : les
résultats magnifiques qui ont été obtenus sont de nature
à nous encourager.

www.ingramcontent.com/pod-product-compliance
Lightning Source LLC
Chambersburg PA
CBHW060813280326
41934CB00010B/2667